Carol Simón

APULEYO EDICIONES   FOMENTO DE VALORES   CUENTOS ILUSTRADOS

Los deberes parlanchines

APULEYO EDICIONES   FOMENTO DE VALORES   CUENTOS ILUSTRADOS

Cuando somos pequeños, nos toca ir al colegio por obligación, con lo que nos gusta jugar y estar con los amigos corriendo y saltando. Los adultos se empeñan en que tenemos que estudiar, pero nosotros los niños no entendemos para qué. Sí, nos dicen que es para nuestro futuro, pero ¿para qué sirve el futuro?

Os voy a contar la historia de Marcos, un niño que, durante muchos, muchos años, no se tuvo que preocupar de hacer nada; solo por su guapura pensó que llegaría muy lejos.

Y aquí comienza la historia de ese niño. Era regordete, con muchas pecas en la cara, un rostro angelical, con unos ojos azules que deslumbraban y con su sonrisa cautivaba a todo el mundo. Cuando salía de paseo en el carrito, se quedaba mirando a cualquiera que pasaba para que le dijeran lo guapo que era, y si alguien no se fijaba en él, hacía algún ruido para que lo miraran y se lo dijeran, y la verdad es que le funcionaba al 100% de las veces.

Marcos, cada día, era más feliz. Según pasaban los años, su técnica para conseguir lo que quería se iba perfeccionando. Aprendió el arte de esquivar sus responsabilidades y eso lo llevó a ser muy vago, pues la gente que estaba a su alrededor le hacían sus faenas de buena gana; todo por verle una sonrisa en la cara.

Si hacía alguna trastada, ponía carita de no haber roto un plato en su vida; así otros se llevaban la culpa para verlo contento.

Su madre, que, como todas las madres, sabía perfectamente cómo era su hijo de zalamero y adulador porque lo había hecho siempre, le intentaba hacer entender que no siempre le saldría bien utilizar a las personas en su beneficio.

Era tan inteligente que, cuando iba a la guardería, lo consideraban el niño más listo de la clase, porque se sabía perfectamente los colores; cuando le señalaban un objeto, Marcos solo tenía que decir "azul", y la señorita señalaba otra cosa y decía "azul". "Uff, qué niño más listo", decía ella. Pero la madre sabía que no tenía mérito; todo lo que señalaba la profesora tenía que ser azul porque estaban estudiando el color azul. Hicieron el primer día una fiesta en la que todos vestían de azul; Marcos solo repetía la palabra, no miraba el color, y lo peor, no se esforzaba ni en aprenderlo.

A sus cuatro años, y siendo hijo único, consideraba que todo lo que había en este mundo le pertenecía. No hablamos de robar, porque no le hacía falta, todo lo que pedía se lo daban gratis, por esa carita tan bonita que tenía; siempre que iba a la calle a comprar con su madre o con su abuela, siempre salía de las tiendas con algo en la mano; si iban a la panadería, le regalaban un bastón de pan; si entraban a la frutería, salía con una pieza de fruta gratis en la mano; y en la carnicería siempre le añadían un cacho más "para el niño".

Cuando estaba en infantil, un día, en clase le mandaron pintar un dibujo, y cogió los colores de la mesa y se los puso cerca para crear su obra de arte, el resto de los niños de la mesa se quejaron a la profesora. Cuando vino, le tuvo que decir, con pena a Marcos, que los colores eran para compartirlos, que no eran de él. Así que los puso otra vez en el centro de la mesa. Al momento, los niños volvieron a llamar a la profesora porque Marcos no les dejaba los colores para pintar. Para la sorpresa de la profesora, se los había metido en los bolsillos de la bata y le dijo: "Es que son míos". La profesora, en vez de regañarlo, le hizo tanta gracia que se lo llevó a otra clase para explicarle a su compañera la ocurrencia que había tenido; y las dos se rieron.

Ese día aprendió que, aunque hiciera las cosas mal, si los adultos lo encontraban gracioso, le perdonaban la fechoría y también la tarea. Así consiguió ir pasando de cursos sin pena ni gloria; por eso y porque Marcos tenía un corazón enorme, ya que a todo el que fuera su amigo siempre lo ayudaría a conseguir todo lo posible; es decir, que también tuviera sus mismos privilegios, aunque nunca desvelaba cómo lo hacía. Gracias a eso, siempre estaba rodeado de gente que lo quería con locura.

En primaria, cuando los deberes ya eran más complicados y su cara bonita ya no hacía tanto efecto, tuvo que cambiar la técnica. Ponía cara de pena y decía que no lo entendía. Ni que decir tiene que si se hubiera esforzado un poco sería el más inteligente de la clase, pero ¿quién quiere ser el empollón cuando siendo el malote se lo pasaba mucho mejor y sin tener obligaciones?

Una profesora sufría al ver cómo se iba quedando atrás en las lecciones y decidió hacer un super esfuerzo por Marcos. Una tarde, les puso muchos deberes a todos y les dejó hacerlos en clase, para que estuvieran entretenidos, así ella podría sentarse solo con Marcos y explicarle cómo se tenían que hacer. Pero Marcos no quería eso, él solo necesitaba que le perdonaran los deberes y seguir siendo feliz sin hacer nada.

Durante esas dos horas, perdió el lápiz 10 veces (sin moverse de su silla); tuvo pipí, necesitó agua; repitió una y otra vez que no lo entendía. Se inventó todas las excusas para que lo dejara en paz, pero la profesora aguantó las dos horas; aunque al final acabó histérica. Realmente pensó que Marcos tenía algún problema serio que no le permitía aprender, y así lo dejó escrito en los informes del colegio.

Marcos estaba muy feliz porque desde ese día todos los profesores dejaron de exigirle "tanto"; no pasaba nada si no presentaba los deberes o si suspendía algún examen. Además, sus compañeros y, sobre todo, los buenos amigos lo dejaban que copiara los deberes, o incluso le chivaban algo en los exámenes. Los profesores los dejaban porque todos pensaron que le estaban haciendo un favor.

Cuando estaba en sexto de primaria, su nivel de lectura era muy deficiente. La escritura era casi ilegible y era raro el día que estaban terminados los deberes, lo peor es que todos estaban mal hechos. Sus cuadernos estaban llenos de tachones y notas en color rojo que agregaban los profesores; aunque esto no servía de mucho debido a la desgana, falta de atención y poco, por no decir ningún, trabajo en clase.

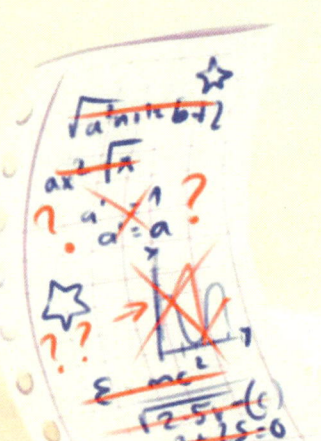

Fue un año difícil para Marcos, todos se esforzaban por sacar buenas notas ya que les repetían en casa que el cambio de ciclo iba a ser difícil, pero él no hacía caso a nadie. Veía que ya no era el centro de atención de los que decían ser sus amigos desde siempre y, cuando en las clases se hacían grupos para realizar algún trabajo, él siempre se quedaba solo; ya nadie quería contar con su ayuda porque siempre se había escaqueado de hacer deberes.

Esto le hizo pensar que, tal vez, había llegado el momento de ponerse las pilas y empezar a trabajar en serio. El esfuerzo a realizar sería titánico, ya que su escaso conocimiento de todas las materias era descomunal. Estaba en el último trimestre y, por más que se esforzaba, no le salía nada bien (normal, llevaba toda la vida sin estudiar) y una tarde dijo en voz alta: "No lo voy a conseguir". De repente escuchó una frase muy flojita: "Estoy harta de tantas quejas", pensó que sería su madre desde la cocina y no le dio más importancia.

Cuando se fue a dormir, dejó todas las libretas esparcidas en su mesa de estudiar, como siempre, nunca recogía. Eso le daba la ilusión de que estaba haciendo muchas cosas a la vez y parecía que se estaba esforzando, aunque se pasaba las tardes sin hacer nada de provecho.

Esa noche ocurrió algo muy curioso. Las hojas de las libretas comenzaron a pasar a un lado y al otro de la espiral; era como si un gran vendaval fuese a arrancar todas las hojas de las libretas. De las hojas comenzaron a salir números, letras, notas musicales, dibujos a medio terminar. Todo estaba mezclado; todos hablaban a la vez. Estaban desfigurados y discutían porque ninguno de ellos se encontraba en el lugar que le correspondía; se empujaban y se daban codazos, hasta que una A mayúscula, bastante grande, emitió un sonoro silbido que los dejó a todos parados y en silencio.

Y la A comenzó a hablar:

—Como veo que esto es un caos, vamos a intentar poner un poco de orden.

Lo primero que hizo fue darle un aspecto un poco más legible a todas las letras y los números; con el resto hizo lo que pudo, ya que no sabía en muchos casos lo que Marcos había intentado plasmar en la hoja. Continuó diciendo:

—Puesto que soy la primera letra del abecedario —dijo con una leve sonrisa—, voy a ser vuestra jefa —un murmullo recorrió el lugar, pero la A mayúscula ni se inmutó y siguió diciendo: —Si alguien no está de acuerdo y cree que lo puede hacer mejor que yo, que lo diga y yo encantada le cedo la palabra —pero nadie dijo nada—. Pues bien, como iba diciendo, soy la primera letra y todos haréis lo que yo diga. Vais a decir, por orden, qué problema tenéis para armar este alboroto.

Viendo que todos comenzaban a hablar a la vez, dio el alto otra vez y dijo bien clarito: "POR FAVOR, DE UNO EN UNO".

El cuaderno de matemáticas, que era el más desordenado de todos, comenzó a explicar que no era justo para ellas, más bien era indignante a la vez que degradante. Se suponía que las matemáticas eran una ciencia exacta, pero en la libreta no había más que desorden: las multiplicaciones nunca daban un resultado correcto; las raíces cuadradas parecían un mar en plena borrasca del desorden que tenían...

Ni que decir tiene que los cuadrados tenían cinco lados, y los triángulos seis, ningún círculo era redondo perfecto, y así con todos los elementos. Las matemáticas estaban muy cabreadas y exigían una compensación por tantas barbaridades. Estaban muy ofendidas y no era para menos. De hecho, estaban decididas a declararle la guerra a Marcos; algo que todos aplaudieron por unanimidad.

—Veis como no es tan difícil ponerse de acuerdo —dijo la A

Luego le tocó el turno a las Sociales y fue más de lo mismo. La letra no se entendía y las frases escritas no tenían ningún sentido, al igual que la libreta de castellano, de dibujo y de música. Todas las asignaturas se quejaban sin parar.

—¡¡¡Ya, ya, ya!!! —gritó la A mayúscula—. Ya está bien; os prometo que pondremos remedio a todo este desmadre. Aunque me gustaría que cada una de vosotras pensara alguna idea para darle un buen escarmiento a este niño tan perezoso y desordenado.

Las asignaturas se miraron unas a otras. La idea de vengarse les pareció de lo más reconfortante; era exactamente lo que necesitaban todas. Y después de debatir un buen rato, llegaron a la conclusión que, para saborear su venganza, se ayudarían las unas a las otras, así el ataque estaría mejor planeado y sería mucho más efectivo; y al grito de "Todas para una y una para todas", por primera vez, todas las asignaturas del chaval descansaron esa noche.

El primer ataque corrió a cargo de las matemáticas; los números de la tabla de multiplicar se mezclaron de tal manera que los resultados fueron la diversión del resto de las asignaturas.

Cuando Marcos abrió su libreta para enseñársela al profesor, este pudo contemplar con estupor que ocho por ocho eran ciento veintisiete y que seis y ocho eran cuarenta y dos; el resto de las cuentas estaban aún peor que las anteriores; la raíz cuadrada en lugar de números, tenía dibujados un grupo de tortugas diminutas que se lo estaban pasando maravillosamente bien cambiando de sitio cada poco, pues de todos es sabido que las tortugas, aunque van muy despacio, nunca se están quietas.

El profesor de matemáticas se cabreó mucho, porque sabía que Marcos no presentaba casi nunca los deberes, o los hacía mal, pero no le permitiría que se riera de esa manera en su cara.

—Vamos a ver, señor García —este profesor siempre llamaba a sus alumnos por el apellido—, ¿tendría usted la amabilidad de explicarme qué son todas estas sandeces que ha puesto en su cuaderno? Los ejercicios de hoy eran para un niño de párvulos y usted lo ha hecho todo mal.

Marcos no daba crédito a lo que estaba viendo en su cuaderno, hasta él sabía que esos resultados no estaban bien. No sabía el resultado correcto, pero sabía que eso estaba mal. Seguro que algún gracioso se había divertido mucho a su costa pensando que el profe le impondría un buen castigo. Haciendo acopio de valentía, intentó explicar en voz alta que no tenía nada que ver con todo aquel desmadre, que alguien le estaba gastando una broma de mal gusto. Pero sus compañeros se miraban unos a otros sin entender lo que estaba sucediendo.

—Esto es el colmo —vociferó el profesor, que por minutos perdía la paciencia y los modales—. No me negará que esta no es su letra —le gritó con cara desafiante. El chaval no sabía dónde esconderse. En ese momento hubiera deseado que la tierra se abriera y que se lo tragara.

—Bueno..., sí que parece mi letra... pero le juro a usted... que yo no recuerdo haber escrito todos esos disparates.

—¡¡¡Ah, claro, ya sé yo; los deberes se han escrito ellos solos!!! ¿No es verdad, señor García? —Y blandiendo un bolígrafo rojo, el profesor puso un soberano cero al principio de la hoja—. Mañana me traerá usted los mismos deberes, bien hechos y repetidos diez veces —y, con su dedo extendido, que parecía la estatua de Cristóbal Colón, lo mandó a sentarse en su sitio.

Por la tarde, cuando llegó a casa, se puso a repetir todos los deberes de matemáticas; no los iba a hacer diez veces como le habían mandado, pero sí que se sentía mal por las barbaridades que tenía en la libreta, y más ahora que intentaba hacer las cosas bien para aprobar el curso. También estaba tranquilo porque no tenía que pensar las respuestas, ya que un compañero le dejó su libreta para que los copiara.

Esa noche, Marcos tuvo una pesadilla horrible: veía cómo los deberes de matemáticas se divertían, se burlaban de él, se mezclaban en la libreta, corrían de un lado para otro, y lo que era más extraordinario, hablaban todos sin parar. Unos jugaban a la gallinita ciega, y con los ojos vendados, cada número se colocaba donde le daba la gana.

Cuando miró la libreta por la mañana, vio que todos los deberes estaban mal: —¿Cómo puede ser si los copié directamente? —y recordó el sueño que había tenido—. ¿Será verdad lo que soñé? —Y, como no tenía tiempo, prefirió dejar en casa la libreta de matemáticas y decir que se la había olvidado que enseñar de nuevo la barbaridad que había escrito.

En clase de historia le ocurrió algo más raro si cabe: "Los vikingos, en el año 1.001, atracaron sus barcos en el puerto y se fueron a divertir a una macro fiesta que había en el Fórum de Barcelona de reggaetón, que duró una semana". Se mencionaba a los extraterrestres, explicando que habían invadido la tierra, y se habían llevado todos los móviles y todas las consolas del planeta Tierra.

En la II Guerra Mundial, en lugar de bombas cargadas en los aviones, se dedicaron a lanzar propaganda sobre viajes concertados a Marte, donde no había guerra y se podía empezar de cero una nueva vida. Lo más raro fue que también estaban incluidos los pitufos promocionando los viajes.

¿En clase de historia, unos dibujos animados, pequeñitos y azules? Pitufina reclamaba su derecho a que hubiese más chicas para poder jugar con ellas; reivindicaba también la igualdad con las mujeres.

MÁS CHICAS
=
MÁS IGUALDAD

Marcos estaba al borde de un ataque de nervios y, para colmo de males, al abrir el cuaderno se escuchaban risas, gritos y toda clase de tacos, palabrotas malsonantes. Inmediatamente el chaval cerró la libreta y se sentó sobre ella.

Cuando el profesor correspondiente le pidió los deberes, él se excusó diciendo que se había dejado olvidada la libreta en su casa. Así que le correspondió otro sonoro cero y un castigo por no hacer su trabajo.

En literatura todo fue empeorando; en el resumen de la historia de Romeo y Julieta, explicaba que ella se dedicó a viajar por países lejanos y no volvió nunca a su pueblo natal, por lo que jamás se encontraron y no hubo romanticismo, ni balcón ni declaraciones de amor. Los de Fuenteovejuna tiraron cada uno por su lado, nunca fueron todos a una, según dijo su escritor.

En los textos copiados en la libreta, se habían intercambiado los personajes, se mezclaron los clásicos con la novela negra y los cuentos se convirtieron en algo super divertido: el lobo feroz hacía pasteles para los tres cerditos; Blancanieves se fue de viaje al Caribe y no volvió a ver a los enanitos; el que sí apareció en el Caribe fue el personaje más ligón de la literatura, nada más y nada menos que Don Juan Tenorio, que persiguió a Blancanieves por todos los chiringuitos de la playa; Ferdinando se paseó por todas las plazas de toros dando consejos a la concurrencia para que tratasen bien a los toros y a las vacas y les regalaba flores. El resto de la literatura estaba escrita en chino o japonés, así que Marcos no consiguió entender nada de nada, guardó la libreta en la mochila y volvió a decir que se la había olvidado.

No sabía lo que le estaba pasando, no se lo quería explicar a ningún compañero porque pensarían que les estaba vacilando y no se lo dijo a los profesores para que no pensaran que estaba loco.

En música ocurrió otro tanto de lo mismo. Las notas musicales, fueron todo menos musicales.

Le pidieron tocar una pieza de Mozart, pero le salió el himno del Betis. El profesor lo estaba mirando con cara de ponerle un cero, pero intentó cambiar de música y le dijo que tocaba un villancico, que era más sencillo, pero lo único que sonó fue música de una película de terror.

Lo peor no fue eso. Cuando dejó la flauta y se sentó a tocar el piano, las teclas comenzaron a correr de un lado para otro, persiguiéndose

las unas a las otras, después cambiaban de sentido y jugaban todas al corro de la patata; el sonido que emitía el piano era como una motosierra cortando piedras. A todos los presentes en clase de música les rechinaban los dientes y Marcos fue expulsado de la clase.

Cuando llegó a casa, se metió en su habitación, cerró la puerta y abrió las libretas. En ese momento todos los deberes empezaron a hablar a la vez; no conseguía que aquellos deberes parlanchines se callaran y, de repente, se puso a llorar. No soportaba la idea de volver al colegio, presentar esos deberes que él no había escrito pero que era su letra y que los profesores siguieran poniéndole notas horribles y echándolo de clase. Sabía que tenía que aprobar y si seguía así, lo suspendería todo.

De la misma rabia arrancó las hojas de los deberes que había presentado ese día y se fue a la barbacoa de su casa y les prendió una cerilla; las letras iban cambiando de hoja a hoja para no quemarse. La mayoría de la información se había salvado y unos ayudaban a otros para salir de las hojas y corrían al mármol para salvarse, con aquellas patitas negras que parecían palillos gritando.

—¡Este chico se ha vuelto loco, nos quiere matar a todos, por favor que alguien lo encierre y luego tire la llave! —se escuchaba muy flojito.

Marcos se dio la vuelta y se fue a su habitación y se tumbó en su cama.

Cuando se quedó dormido, se le apareció en sueños la A mayúscula, le pidió que la acompañara y lo llevó a un lugar en el que estaban todos los deberes sentados en círculo, como si fuera un anfiteatro. Al muchacho lo sentaron en el pupitre central para que todos lo vieran. Se dio cuenta que eran sus propios deberes y vio cómo lo juzgaban.

Unos se reían de él porque era un inútil; otros lo miraban con cara de asco por haberse aprovechado de sus encantos para llegar a los once años sin haber aprendido nada; y unos cuantos, los menos, lo miraban con cara de pena, porque podía haber llegado muy lejos con su inteligencia, pero en ese momento no sabía nada.

La A mayúscula habló con voz potente y segura, preguntando a los deberes congregados si tenían algo que decirle a Marcos. Aquella pregunta hizo que todos contestaran a la vez. Se formó un estruendo mayor que los truenos de diez tormentas juntas; el ruido fue tan grande que Marcos se tapó los oídos, temblando de miedo.

Marcos empezó a llorar. El pobre chaval estaba al borde del colapso. Todos los deberes se burlaban de él, lo insultaban, lo criticaban por lo vago, holgazán y por aprovecharse de las buenas personas que tenía siempre a su alrededor; también pudo, entre tanto barullo, escuchar a un grupito que decía: "Con lo bien que lo hemos pasado hoy, podíamos repetirlo más días".

De repente, la A mayúscula emitió un gran silbido para conseguir que los deberes parlanchines se callasen y empezó a decir: —Por favor, señores, no me refería a que hablaran todos a la vez. Creo que ya hemos castigado bastante a este pobre muchacho. Les ruego encarecidamente que sean generosos y le pidan disculpas por su comportamiento.

Las matemáticas fueron las primeras en hablar. —Hola, Marcos. Hablo en nombre de las matemáticas, aunque creo que todos los deberes piensan igual que nosotras. Queremos pedirte perdón por todo el daño que te hemos causado hoy, pero has de reconocer que tú llevas toda tu vida ignorándonos. Hicimos una reunión todos tus deberes y de mutuo acuerdo decidimos darte un escarmiento para que te dieras cuenta que en esta vida son muy importantes todas las asignaturas. En algún momento en tu vida adulta necesitarás los conocimientos que has aprendido en el colegio.

El resto de los presentes aplaudieron las palabras de las matemáticas y estas siguieron el discurso: —Te podemos hacer un trato, si tú nos prometes solemnemente que de ahora en adelante vas a estudiar y vas a ser responsable de tus obligaciones en el colegio y, sobre todo, no nos vas a dejar de lado, nosotros, tus deberes, prometemos ayudarte para que llegues todo lo alto que tú quieras.

Marcos, con la mano sobre su pecho, prometió y juró solemnemente que estaba dispuesto a estudiar hasta sacar unas notas insuperables.

Cuando se despertó por la mañana, no entendía muy bien qué había soñado, pero pensó que era algo irreal. Miró su libreta de matemáticas y comprobó los últimos deberes que le había pedido el profesor que copiara diez veces. Lo miró con mucha atención y, aunque no se sabía de memoria las respuestas, sí vio que eran bastante coherentes. Lo que más le sorprendió fue que estaban escritas diez veces, como le habían pedido.

Al llegar a la clase de matemáticas le enseñó la libreta al profesor, con un poco de miedo por lo que había pasado el día anterior y qué sorpresa fue cuando lo felicitó por un trabajo bien hecho. Le puso un diez en esos ejercicios y le pidió que siguiera así, que llegaría muy lejos; y le devolvió la libreta.

Muy orgulloso de su diez, al llegar a casa se lo enseñó a su madre y esta le preguntó qué significaba la nota que había debajo del diez: "Cumple tu promesa y nosotros cumplimos la nuestra"; Marcos cogió la libreta y la cerró de golpe, diciendo que era una broma de un compañero y desvió la atención pidiendo la merienda, que se moría de hambre.

Merendó muy rápido y se fue a su habitación. Leyó la nota varias veces; estaba seguro que había sido un sueño nada más, pero el diez en la libreta había significado mucho para él, y estaba convencido que los autores de esa nota habían sido sus deberes, al igual que copiar los ejercicios de matemáticas diez veces. Arrancó la hoja de la libreta y se lo puso en la pared, junto al calendario, para que no se le olvidara nunca que siendo buena persona y, con un poco de esfuerzo, siempre tendría cerca a alguien que lo podría ayudar.

Tenía claro que quería sentirse orgulloso de sí mismo en el futuro y llegar muy alto en la vida. Empezó a estudiar todo lo que le mandaban y en sus ratos libres también intentaba recuperar todos los años que habían pasado, de los que no recordaba prácticamente nada.

Pasaron los años, Marcos llegó a finalizar sus estudios con muy buenas notas; ahora era una persona trabajadora, con ilusión por aprender siempre cosas nuevas y con ganas de superarse cada día más. Llegó a ser director en una gran empresa de informática y todos los empleados lo admiraban mucho, porque era un jefe muy cercano; siempre se preocupaba que todo el mundo fuera feliz y tuvieran lo que necesitaban, siempre y cuando rindieran al 100% en la empresa.

En su casa siempre le recuerdan con cariño esa infancia en la que era tan vago. Su madre le preguntó en muchas ocasiones, qué fue lo que pasó para dejar aquella vida tan cómoda y volverse tan aplicado; entonces le solía contar las diferentes historias que le pasaron en el colegio cuando estaba en sexto de primaria; que las matemáticas se habían vuelto locas y se cambiaban los números de sitio; que en historia los vikingos se habían ido a bailar reggaetón; que en música no encontraba las teclas para tocar el piano porque estaban jugando. Pero la madre siempre pensó que le estaba tomando el pelo y cambiaba de tema rápido. La verdad es que, cuando lo pensaba, también lo veía una locura, pero él sabía que había sido verdad.

Se casó y tuvo un hijo. Su primogénito se parecía mucho a él cuando era pequeño: "un poco vago" y se aprovechaba de la bondad de la gente que le rodeaba para escaquearse de los deberes y las tareas. Cuando el niño cumplió seis años, su padre le regaló la hoja de su libreta con el diez, y la nota: "Cumple tu promesa y nosotros cumplimos la nuestra", y le hizo prometer a su hijo que se esforzaría mucho en los estudios; que él había aprendido que si no estudias cada día un poco y coges el hábito, cuando seas mayor te arrepentirás y te tendrás que esforzar mucho para llegar a tener los conocimientos básicos que todas las personas tienen.

Su hijo se lo prometió. Tener la hoja de su padre junto a sus deberes lo motivaba a estudiar cada día y padre e hijo llegaron a un acuerdo: qué si no estudias de niño, lo harás de mayor.

FIN

© Carolina Simón Tomás (de la obra)
©Apuleyo Ediciones (de esta edición)
Primera edición en Apuleyo Ediciones: julio 2024
Diseño de cubierta: Sofía Corzo González
Corrección: Aitor Andreu Guerrero
Maquetación: Domingo Carrasco Martín
Ilustraciones: Alicia
Coordinación editorial: Isidoro Cidre González
info@apuleyoediciones.com
www.apuleyoediciones.com
ISBN: 978-84-1060-087-4
Depósito legal: H 11-2024

Hecho e impreso en España.

Los deberes parlanchines

APULEYO EDICIONES   FOMENTO DE VALORES   CUENTOS ILUSTRADOS

Carol Simón

APULEYO EDICIONES   FOMENTO DE VALORES   CUENTOS ILUSTRADOS